EN CAS

DE

RUPTURE

AVEC L'ANGLETERRE,

PAR

UN ANCIEN ASPIRANT DE MARINE.

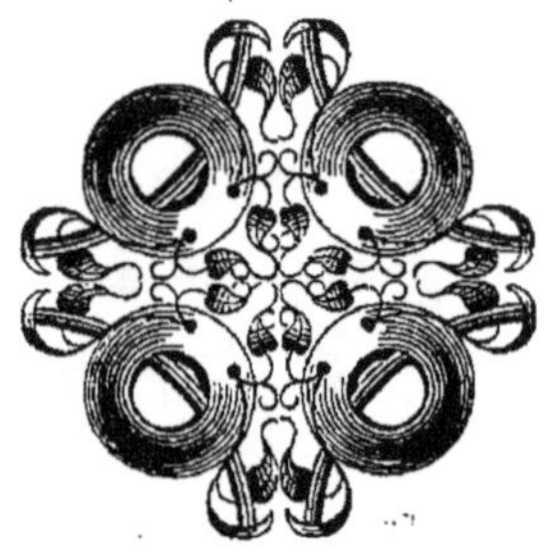

PARIS,

CHEZ BACHELIER, LIBRAIRE,

QUAI DES AUGUSTINS, 55;

ET CHEZ DENTU, LIBRAIRE,

AU PALAIS-ROYAL.

1845

EN CAS

RUPTURE AVEC L'ANGLETERRE.

Ubi manu agitur, modestia ac probitas nomina superioris sunt : illa, olim boni æquique Cherusci nunc inertes et stulti vocantur. Cattis victoribus sapientia in fortunam cessit.

(TACITE, Germania.)

« Si l'on en vient aux mains, la modération et le bon droit sont
» attribués au plus fort : c'est ainsi que la douceur et l'équité an-
» tiques des Chérusques sont appelées maintenant lâcheté et sot-
» tise : la fortune des Cattes victorieux est devenue sagesse. »

I. Le sommeil momentané de l'opinion sur le droit de visite et de recherche est la trêve, non la fin d'une grande émotion nationale. Malheur au ministère qui aura méconnu le vœu du pays, de la presse, des chambres! Ce débat des mers est l'affaire la plus importante du siècle : pour le monde, c'est l'esclavage ou l'affranchissement de l'Océan, pour la France l'annulation d'un traité qui la déshonore, ou la guerre; mais l'Angleterre déliera-t-elle volontairement les nœuds que nous avons serrés nous-mêmes ?

Depuis 1689, ses guerres, ses conquêtes, ses traités ont eu pour but immuable d'usurper le règne de la mer et de le rendre indestructible sur toute la surface du globe. Cette politique solitaire, inflexible lui a livré le plus grand empire qui ait jamais appartenu à un seul peuple. Elle tient les mers de l'Europe par les retraites imprenables d'Héligoland, de Gibraltar, de Malte et de Corfou. Elle presse et domine l'Amérique par le Canada, l'Orégon, le Yucatan, la Guyane et une foule d'îles. En Afrique, d'importantes possessions lui assurent la supériorité sous les

1

tropiques, et le monopole de la navigation des Indes. Dans l'Asie, elle compte 120 millions de sujets ou d'esclaves, et la voilà qui dévore la Chine et prépare l'asservissement de l'Égypte et de la Perse.

La suprématie des mers est le gardien de ce pouvoir inouï : la régulariser dans les mains anglaises par un contrat européen, c'était un espoir chimérique; toutefois, à force d'y réfléchir, les penseurs britanniques découvrirent dans la question des noirs un moyen mystérieux d'y parvenir, et un élément nouveau pour affermir leurs établissements lointains et compromettre ceux de leurs rivaux. Aussitôt leur hypocrisie appela les justes de la terre à une propagande religieuse contre l'esclavage africain, et recruta chez nous une foule de beaux esprits qui entraînèrent la mobilité française dans le tourbillon de leur enthousiasme. Quant aux esclaves de couleur blanche dans la Russie d'Europe, noire ou cuivrée dans l'Inde anglaise, leur cause fut omise au protocole de nos philanthropes; et le cabinet britannique, poursuivant la victoire merveilleuse de ses apôtres, réalisa, en 1831 et en 1833, la mystification la plus surprenante des temps modernes par deux traités incompatibles avec notre indépendance et impuissants contre l'esclavage.

Dans l'espoir d'amortir, en la divisant, la honte de nos avanies, un ministère français a, d'accord avec celui de Londres, attiré, en 1841, dans la combinaison d'un troisième traité, qui livre à la Grande-Bretagne la police de toutes les mers, trois puissances dont la politique commune est de nous affaiblir. Le refus de l'une des chambres a soustrait, il est vrai, la ratification française à ce traité; mais comme il conserve son entier effet pour les trois autres états du continent, qui ne l'ont accepté qu'à cause de nous et par nous, il présente à l'Angleterre un argument de plus et des alliés pour le maintien des deux premiers.

Les signataires français de ces trois traités avaient oublié qu'entre des pouvoirs inégaux toute convention, où les armes interviennent, ne contraint que le plus faible, et met la tyrannie aux mains du plus fort. Rome a soumis la moitié du monde, connu alors, par l'échange de ces liens d'une justice apparente, mais inapplicable, et tous les peuples qu'elle honora du nom d'amis et d'alliés devinrent, de ce jour, ses sujets. Si donc la puissance navale d'un état, isolé et inaccessible, surpasse celle de tous les autres, qu'ils fassent, séparément ou ensemble, avec ce supérieur, cent traités de police maritime réciproque, ces actes ne leur conféreront, en réalité, que le titre mort d'un droit qui rendra son ascendant plus meurtrier.

La mise en œuvre des trois conventions libératrices des noirs a surpassé encore cette attente par le programme, aujourd'hui connu, de ses résultats :

— L'Angleterre substituant son seul intérêt aux vues morales et religieuses qu'elle avait juré d'accomplir, de concert avec la France et l'Europe, a dénaturé leur application :

Pour exalter la suprématie de son pavillon et humilier le nôtre par les violences impunies du droit de recherche et de confiscation, ajouté au droit de visite qu'elle s'arroge sur toutes les mers ;

Pour agrandir sa puissance navale, militaire et coloniale par le recrutement d'une foule de noirs dont elle abuse l'ignorance en les achetant sous une forme qui ne s'appelle plus vente, mais engagement, et pour s'approprier réellement ainsi le bénéfice le plus net de cet horrible trafic, habilement purgé de l'embarras des femmes et des enfants, et de l'entretien des vieillards ;

Pour amoindrir les États-Unis en s'attirant la sympathie et préparant la révolte des esclaves de leurs provinces méridionales ;

Pour arracher un jour à l'Espagne les îles de Cuba et

de Porto-Rico par le prosélytisme des noirs affranchis de la Jamaïque ;

— Le trafic des noirs est exercé plus cruellement encore qu'autrefois par des navires qui, construits pour une marche rapide, offrent moins d'aliments, d'air et d'espace à leurs victimes ; et il est douteux que les trois conventions aient diminué le mouvement total des esclaves par la traite, l'Egypte, Tripoli, Tunis, le Maroc et l'Algérie.

Tel est le prix de nos affronts. Il se peut que les départements des frontières et du centre n'en ressentent pas l'opprobre avec les mêmes battements de cœur que ceux qui sont baignés par la mer ; et cependant qui de nous n'invoquerait le secours du pays et du ciel, si les soldats d'un peuple étranger venaient arbitrairement confisquer sa maison, son domaine, ses magasins, ses bestiaux, sa récolte, et ajoutaient à la flétrissure des coups et de la prison le supplice du retranchement de l'eau et du pain ? Dites-vous que cette supposition est impossible ? Ah ! si nous nous respections mieux nous-mêmes, ne nous paraîtraient-ils pas absurdes aussi ces récits du vol impuni de nos vaisseaux marchands, du traitement horrible de leurs équipages ? Des ministres français devaient-ils moins de protection à des navires français et à leurs guides, traversant l'Océan sous l'égide de notre étendard, qu'à nos maisons, à nos champs, à nous-mêmes ? Non, cent fois non : le droit est égal, l'outrage semblable, la même lâcheté à souffrir l'un ou l'autre. Eh bien ! il a été établi sans retour que les Anglais ont saisi iniquement *la Sénégambie* et *le Marabout*, lacéré, foulé aux pieds notre bannière, battu, mis aux fers et livré nos nationaux, sous un ciel brûlant, aux angoisses de la soif et de la faim !....

Alléguera-t-on que ces excès ne se renouvelleront plus ? De nouveaux excès les ont suivis et se reproduisent chaque jour ; nul n'est réparé, et la violence britannique a réduit notre commerce à l'humiliation de présents toujours prêts pour l'adoucir.

Invoquera-t-on les calamités de la guerre? C'est l'oubli même de tant d'outrages et le maintien des traités dont ils sortent qui amèneront une rupture infaillible par un choc naval imprévu.

Se flatterait-on enfin de rétablir l'accord par un traité de commerce? Mais deux monstruosités s'élancent de la pensée même d'un pareil accommodement : — l'aveu que, mis par notre propre folie sous le pied de l'Angleterre, nous ne pourrions nous en relever que par une autre concession ; — la certitude que l'Angleterre ne consentirait à échanger son traité d'oppression navale que contre un traité de ruine pour notre industrie.

La paix ne peut donc plus vivre avec ces odieux règlements : un de leurs articles nous a réservé le droit de les annuler, ayez la fermeté d'en user.

II. Rappelez toutefois auparavant nos vaisseaux du Levant ; ne laissez à l'Algérie que des navires d'un tirant d'eau assez faible pour espérer un abri sur les plages découvertes ; avertissez nos croiseurs et nos divisions lointaines de pourvoir à leur sûreté, et envoyez-leur en même temps des instructions éventuelles pour la destruction du commerce britannique dans les mers les plus reculées.

— Mais ces précautions pourraient être superflues ;

Mais elles peuvent sauver la guerre, en ôtant aux Anglais la tentation d'un coup d'éclat qui assouvirait l'orgueil de leur flotte. Les vaisseaux embusqués à Malte forceraient, en cas de rupture, notre division du Levant, ou s'uniraient à ceux de Gibraltar pour détruire notre marine surprise sur les plages de l'Algérie, avant que nous eussions senti leur mouvement. Un péril semblable menace nos frégates égarées dans les mers de l'Inde et de la Chine; et l'Angleterre, qui sait la position exacte de nos stations navales de l'Afrique, de l'Amérique et de l'océan Pacifique, pour-

rait diriger contre toutes à la fois une attaque supérieure
pour les opprimer.

Et qu'on ne dise pas qu'elle ne l'oserait sans déclara-
tion. C'est son droit, consacré par l'histoire et par d'immenses succès : en 1755, trois cents de nos navires marchands et six mille matelots furent saisis par ses croiseurs
au milieu de la paix ; ses soldats surprirent, en 1778,
Chandernagor, Masulipatam et Karical, avant les premières
hostilités de l'Europe, et ses pirateries maritimes précé-
daient les ruptures de 1793 et de 1803. Hier encore, elle
s'appropriait une de nos colonies à la Nouvelle-Zélande ;
elle nous outrageait à Taïti, et le dernier cri d'un Français,
assassiné aux bancs de Terre-Neuve par un officier britannique, retentissait jusqu'à nos rivages !

Si la guerre éclatait, deux moyens s'offriraient à nous :

— Une descente en Angleterre, devenue plus facile par
la vapeur ;

— Des entreprises dirigées contre ses colonies et son
commerce maritime.

Si l'on considère la supériorité de notre population, la
justice de notre droit, la force et le perfectionnement de
notre armée, l'expérience et l'instruction de ses nombreux
officiers, la haute émulation qui les anime, on acquiert
l'évidence qu'une invasion, habilement conduite, soumet-
trait ce pays, conquis par tous ses agresseurs, Romains,
Saxons, Danois, Normands. Invincible à Gibraltar, à Malte
et dans ses vastes possessions de l'Asie, l'Angleterre a dans
son cœur même le secret de sa faiblesse. Le détroit fran-
chi, ni ces forteresses inexpugnables, ni les cent vingt millions d'Indiens sujets à ses lois ne lui seraient du moin-
dre secours contre notre étreinte. Au nord, l'Écosse, son
antique rivale, se souviendrait de notre alliance de plusieurs siècles ; à l'occident, l'Irlande catholique saluerait
avec ivresse le signal de sa délivrance ; et nos couleurs ho-
norées par cette inscription, « *Abolition des lois céréales* »,

ajouteraient à l'impression d'une armée sévèrement dis-
ciplinée les vœux et le concours de quatre millions d'ou-
vriers, soulevés contre les monopoleurs du sol britannique.

Ainsi, seule aux prises avec l'Angleterre, la France l'é-
craserait dans une lutte corps à corps, à moins que l'Europe n'intervînt pour lui arracher sa vengeance. Mais,
quand même un conflit purement naval ne neutraliserait
pas les susceptibilités étrangères, nous savons, par notre
propre histoire, que les seules chances de la mer seraient
encore, malgré cette opposition, fatales à la puissance qui
a le plus de colonies en péril, le plus de richesses en circu-
lation sur l'Océan.

III. Cet enseignement est la conclusion même de la lon-
gue épreuve des deux dernières guerres de Louis XIV. Sa
flotte dut céder enfin à la réunion des flottes de l'Angleterre et de la Hollande, et la marine royale ne trouva pas,
dans ses glorieuses rencontres de Bantry et de Beachy, et
dans quelques autres avantages, une compensation suffisante des désastres de La Hogue, de Vigo et de Gibraltar,
Mais les entreprises du commerce vengeaient la France, et
justifiaient la haute prévoyance du monarque qui avait
mis à la disposition des armateurs particuliers les ports,
les chantiers, les arsenaux, et une partie même des vaisseaux de l'État. Brest, Rochefort, Dunkerque et Saint-Malo
étaient les points principaux de ces armements victorieux.
Le commerce choisissait ses chefs, ceux-ci leurs officiers,
et le prince exaltait l'honneur des plus vaillants par la faveur de sa présence, et en les élevant aux dignités de ses
ordres et de la marine militaire.

C'est la perspective de ces grades, de ces distinctions
alors toutes puissantes, qui attira dans la gloire un enfant
de Saint-Malo. A quinze ans volontaire, capitaine à dix-
huit, la paix de 1697 à 1701 fut, depuis 1689 jusqu'en
1712, le seul intervalle au cours de ses exploits. Louis XIV

électrisa sa première jeunesse par le don d'une épée ; il l'admit à sa cour, l'entretint à la suite de presque toutes ses campagnes, lui donna, lui-même, l'accolade de l'ordre de Saint-Louis, le nomma, sans grades intermédiaires, capitaine de frégate et capitaine de vaisseau, l'anoblit par un brevet rappelant que cet illustre marin avait pris à l'ennemi vingt vaisseaux de guerre et trois cents bâtiments marchands, et il le fit enfin chef d'escadre en 1715.

Ce héros fut Du Guay-Trouin, qui conçut et dirigea, en 1711, l'entreprise d'outre-mer la plus difficile et la plus éclatante qui ait glorifié les armes de la France. L'expédition, aux frais du commerce, partit des ports de Brest, Dunkerque et Rochefort ; elle comptait 17 voiles, 696 bouches à feu et 5,800 soldats ; le roi y avait contribué par le prêt des vaisseaux de l'État et de 2,400 soldats. Du Guay-Trouin força la rade de Rio-Janeiro, prit la ville et la mit à rançon. Le goulet d'entrée, plus étroit que celui de Brest, était protégé par cent quatre-vingts pièces de canon, et le feu de quatre vaisseaux de ligne et de trois frégates ; douze mille hommes et d'immenses fortifications défendaient la place.

Cette dernière action éleva à 34 vaisseaux de guerre, dont 20 anglais de 958 canons, 7 hollandais de 300, 7 portugais de 380, et à plus de 300 navires marchands, le nombre des bâtiments capturés ou détruits dans ces deux guerres, sur les trois puissances ennemies de la France, par un seul de ses aventuriers. Si l'on ajoute à ces chiffres le nombre beaucoup plus considérable des bâtiments de guerre et de commerce pris ou détruits par Jean Bart, Forbin, Porée, Cassart, Ducasse, la Moinerie-Miniac, de Courserac l'aîné et une foule d'autres, il demeure incontestable que le système naval adopté par Louis XIV lui procura la victoire définitive de la mer sur tous ses ennemis.

IV. Ce résultat ne ressort pas avec moins d'évidence de l'examen des calculs du secrétaire Burchett, qui établit

ainsi la perte des Anglais et des Français, à la fin de chacune des deux périodes (1).

```
De    ( vaisseaux de guerre anglais pris ou détruits              canons.      canons.
1689  )    par les Français. . . . . . . . . . . . . 50  »   (de 4 à 70) 1,112    »
à     (  vaisseaux de guerre français pris ou détruits
1697  (    par les Anglais. . . . . . . . . : . . . .      59 (de 6 à 104) ·  »    2,244
De    ( vaisseaux de guerre anglais pris ou détruits
1702  )    par les Français. . . . . . . . . . . . . 38  »   (de 22 à 80) 1,596    »
à     )  vaisseaux de guerre français pris ou détruits
1712  (    par les Anglais. . . . . . . . . . . . . .      »  52 (de 20 à 100)      3,094
```

Total des vaissaux, 88 111 —des canons 2,708 5,338
Différence en faveur des Anglais, 23 vaisseaux et 2,630 canons.

—Cet état ne fait honneur qu'aux Anglais de la perte des
111 bâtiments de guerre français, dont 33 succombèrent
à La Hogue, à Vigo et près de Gibraltar, sous l'effort de
la flotte anglaise et hollandaise;

Il omet les 8 vaisseaux de ligne que la Hollande, unie
aux Anglais, perdit à Beachy, et ceux en plus grand nombre que nous lui enlevâmes encore, ainsi qu'au Portugal,
dans une série d'engagements où la fortune suivit nos
armes;

La perte des canons anglais est visiblement réduite,
celle des Français exagérée : pour ajouter à l'éclat de
leurs succès, atténuer leurs défaites, et procurer un aliment inépuisable à la vanité de leur populace, les Anglais
avaient, dès cette époque, l'usage de dissimuler le nombre de canons de leurs navires de guerre et d'enfler celui
des nôtres; le temps ayant perfectionné cette tactique,
leurs rapports officiels ne désignaient plus, dans les guerres
de la révolution et de l'empire, que, comme de 32 leurs
frégates de 44; les nôtres du même rang étaient de 48
à 54, et ils travestissaient dans le même esprit la puissance
respective des vaisseaux de ligne des deux nations.

Toutefois les chiffres de Burchett, dégagés de cette
fraude, inclineraient encore la balance à notre désavan-

(1) *Histoire navale d'Angleterre*, par Thomas Lediard, tome III, livre 4,
chapitre 21, pages 238 et 239, et livre 5, chapitre 17, pages 564 et 565.

tage, s'il pouvait être vrai à la fois que le seul Du Guay-Trouin eût pris ou détruit aux Anglais, dans ces deux guerres, 20 vaisseaux armés de 958 canons, et que leur perte totale n'excédât pas 88 vaisseaux portant 2708 canons. Mais le rapprochement des nombres de Burchett et de Du Guay-Trouin conduit à cette conclusion absurde, que les deux tiers seulement de la perte anglaise appartiendraient aux efforts réunis de notre marine royale et de celle du commerce, moins un homme, et l'autre tiers à ce partisan dont les actes ne datent que 1692, et qui, à l'exception de son attaque combinée avec le comte Forbin contre le grand convoi anglais destiné pour Lisbonne, ne dirigea de forces imposantes que contre les Hollandais, en 1703 et 1708, et en 1711 contre les Portugais.

Or la vérité des nombres de Du Guay-Trouin est établie

— Par l'accord des annalistes anglais avec ses mémoires sur la capture des vaisseaux *le Coventry*, *l'Elysabeth*, *le Cumberland*, *le Chester* et *le Rubis*, et sur la destruction du *Devonshire* et du *Bristol*;

— Par l'interprétation même de leur silence sur le reste de ses prises, où figurent *le Sans-Pareil*, de 50, qu'il enleva avec tant de gloire et qu'il monta lui-même pendant plusieurs campagnes, et *le Glocester*, de 66, dont il se servit également, à la face du soleil, contre les ennemis de la France.

L'inexactitude démontrée des chiffres de Burchett, son omission des pertes de la Hollande et du Portugal, et l'aveu exprimé par Thomas Lediard, l'évêque Burnet et Burchett lui-même, des désastres de la marine marchande de la Grande-Bretagne, confirment donc implicitement que dans les deux dernières guerres, où Louis XIV eut à lutter, sur le continent contre les armées de l'Angleterre, de la Hollande, de l'Allemagne et de l'empereur d'Autriche, sur l'Océan contre les flottes de l'Angleterre, de la Hollande et du Portugal,

— Non-seulement la supériorité des résultats de la mer

demeura à la France, mais, en évaluant séparément la perte de chacune des trois puissances qu'elle eut à y combattre, celle des Anglais seuls surpassa toute la nôtre;

— La plus grande part de nos succès revint aux entreprises du commerce.

V. Cette dernière circonstance me paraît s'expliquer clairement par des causes d'un ordre simple et élevé. Le commandement d'une armée de terre ou de mer, d'une division navale et même d'un vaisseau de guerre isolé, exige une réunion de mérites que la nature accorde à peu de fils de l'homme. Les Anglais, qui savent cela, ont d'abord tenté de faire des héros par la crainte des supplices; ils ont cassé et condamné à une prison perpétuelle le capitaine Cross, qui commandait *l'Elisabeth*, vaisseau de 72, pris en 1705 (1) par *le Jason* de 54, capitaine Du Guay-Trouin; ils ont fait exécuter les capitaines Kirkby et Wade (2), pour avoir agi lâchement, en 1702, contre l'escadre de Ducasse, dans les Indes-Occidentales, et l'amiral Byng, vaincu, en 1756, par La Galissonnière devant Minorque. Lasse de ses vaines rigueurs, l'Angleterre ne tue plus ses chefs, mais elle s'applique à les bien choisir. Que Cook, Clive, Nelson, Wellington se fassent entrevoir, elle les embrasse, les adopte et ne s'en sépare plus. Dès qu'elle eût démêlé Nelson, l'amirauté le fit contre-amiral pour lui confier, au préjudice de tous ses vice-amiraux, les quatorze vaisseaux chargés d'aller combattre à outrance notre escadre d'Égypte.

Mais que dire de tous les choix livrés ici à la discrétion du ministre d'un moment? Comment vaincra-t-il seul l'obsession infatigable des grands, de ses amis, de ses bureaux? Est-ce donc que l'histoire de nos désastres sous Louis XV, la révolution et l'empire, n'a pas crié assez haut que des nominations sans contrôle n'offrent pas à la France

---

(1) *Histoire navale de l'Angleterre*, tome III, livre 5, chap. 8, page 423.
(2) *Histoire navale*, etc., tome III, livre 5, chap. 4, page 282.

la garantie suffisante du mérite des amiraux et des capitaines qui tiennent dans leurs mains la moitié de sa puissance?

Les entreprises particulières n'ont, ne peuvent avoir qu'un but, qu'un vœu, qu'une intrigue : réussir par les plus capables. Tel fut le secret des merveilles navales du temps de Louis XIV. Les deux règnes suivants, la révolution et l'empire oublièrent cette grande leçon, et l'Océan n'a plus compté que nos désastres. Des actions héroïques ont, il est vrai, sauvé l'honneur national et illustré plusieurs chefs ; mais l'énormité de nos pertes est restée sans compensation. Cependant, bien que plus de cent trente années nous séparent de ces souvenirs héroïques, rien n'est altéré dans leurs causes, et le retour de la même combinaison doublerait, sans accroître les charges du pays, notre influence sur l'Océan.

Une réforme dans les grades, l'avancement et les choix sortirait inévitablement de cette habile mesure. Du Guay - Trouin, Porée, Cassart et plusieurs autres se signalèrent jeunes par leurs commandements. A dix-neuf ans, le premier avait déjà pris aux Anglais deux bâtiments de guerre; il en comptait à peine vingt et un, lorsque, par une action d'un éclat sans égal, il leur enleva, monté sur le vaisseau *le François* de 48 canons, *le Sans-Pareil* et *le Boston*, qui en présentaient ensemble 88. Aucun élève de marine n'a conquis maintenant à cet âge l'insignifiante position d'enseigne, nul ne peut percer, avant quarante ans, l'épaisseur des degrés hiérarchiques qui interceptent le rang de capitaine de vaisseau, ni devenir contre-amiral avant cinquante; en sorte que les hommes les plus forts perdent la vigueur de leurs idées dans la servitude d'un quart de siècle de grades inférieurs, et ne parviennent que, déjà amoindris, aux commandements les plus médiocres. Comment M. le prince de Joinville aurait-il obtenu l'éclat qui l'entoure justement aujourd'hui, s'il n'eût dû ses grades qu'aux lois ordinaires de l'avancement?

On pourrait, je crois, les modifier heureusement sans blesser le respect dû aux droits acquis :

Bien que les élèves de marine de première classe aient rang de sous-lieutenant, ils ne jouissent ni des insignes ni des prérogatives du grade d'officier, et ils voient figurer à l'état-major, dont ils sont exclus, les sous-lieutenants qui suivent à bord les troupes d'embarquement. On réduirait cette fâcheuse irrégularité par la substitution d'une seconde classe d'enseignes à la première des élèves; en sorte que les élèves de la seconde classe, unique désormais, seraient admis au grade d'enseigne de deuxième classe, après l'examen exigé aujourd'hui pour devenir élève de première.

Les enseignes de deuxième classe pourraient être élevés à la première, et ceux de la première au rang de lieutenant de vaisseau, après deux ans de service actif dans chaque grade. Toutefois les uns et les autres seraient également susceptibles d'obtenir ce dernier avancement pour un fait d'armes remarquable.

Les lieutenants de vaisseau formeraient une seule classe, et pourraient obtenir, au choix, le grade d'officier supérieur, après quatre années de service actif, ou par le mérite d'un service signalé.

On supprimerait les deux classes de capitaines de corvette, dont les titulaires actuels suivraient leurs chances de retraite ou d'avancement; et si l'on renouvelait malheureusement encore des constructions bâtardes de ce nom, leur commandement comme celui des bricks, goëlettes, cutters, gabarres et vapeurs de petite dimension, servirait, entre les mains de lieutenants et d'enseignes choisis, d'épreuve et de préparation à une plus haute confiance.

En Angleterre et aux États-Unis, les officiers d'un rang élevé ne montent, avec le titre de commodore, que des vaisseaux et des frégates. Est-il moins contraire à la dignité de ce pays que ses officiers supérieurs le représentent sur des navires incapables de soutenir cinq minutes le choc d'une frégate ?

Il y aurait deux classes de capitaines de vaisseau : ceux de la seconde passeraient dans la première, après quatre ans de service ; les capitaines des deux classes concourraient directement au grade de contre-amiral, où nul ne serait admis qu'après avoir commandé sur mer pendant trois années, ou qu'à raison d'un trait éclatant.

Ce système et le triage sincère des plus capables pour les former, jeunes encore, à l'habitude du commandement, offriraient, je pense, des éléments supérieurs à ceux qui résultent du mode actuel de l'avancement, pour préparer au choix de la marine royale et du commerce des hommes qui dirigeraient utilement une frégate, un vaisseau, une division, une escadre.

VI. Quel serait, en cas de guerre, le meilleur système d'armement naval ?

1° « Substituer des navires à vapeur aux navires à voiles, » pour agir dans les mers de l'Europe ;

2° » N'entretenir dans les mers éloignées que des frégates du premier rang, pour restituer à la France son » véritable poids, au lieu du faux poids et du caractère » impuissant qu'elle reçoit de nos frégates à faible échantillon ; »

Telles sont les deux idées principales de la note de M. le prince de Joinville.

La seconde est grande et juste : il ne faut pas que nous paraissions plus petits, dans l'autre hémisphère, que l'Angleterre et les États-Unis, qui s'y font représenter par des frégates de première force ; il serait indigne qu'une des nôtres dût abaisser son pavillon, sans résistance efficace, devant un navire de même dénomination.

Mais trois objections se présentent contre le remplacement des frégates qui sont maintenant en exercice par des frégates dites du premier rang, c'est-à-dire de 60 canons de 30;

— L'urgence de la mesure, incompatible avec la lenteur d'exécution d'un tel changement;

— Le chiffre considérable de la dépense;

— L'insuffisance du calibre et de l'échantillon de nos frégates, dites du premier rang, contre le calibre et l'échantillon de plusieurs des bâtiments que les Anglais emploient comme frégates, tels que *le Warspite* et *la Vindictive*, qui portent chacun 50 canons de 68 (1).

Mais puisqu'il est inévitable, urgent de mettre en face des nations rivales, dans les mers éloignées, des bâtiments égaux aux leurs, le parti le plus sûr, le plus prompt, le moins coûteux serait d'user, là ou dans d'autres mers, le service de nos petites frégates, et d'utiliser enfin réellement plusieurs des vaisseaux trop nombreux de notre flotte, en prêtant à nos croisières lointaines l'appui immédiat d'un certain nombre de vaisseaux rasés, navires qui excellent à la guerre par la force de leur échantillon, par la puissance du calibre qu'ils sont capables de porter, par l'allégement et la vitesse qu'ils reçoivent de la réduction d'une batterie.

Quant à la première idée de la Note, je craindrais que sa réalisation ne préparât à la France que perte et regrets. L'application de la vapeur à la navigation semble avoir créé, pour l'avantage spécial de la Grande-Bretagne dans les mers de l'Europe, des États-Unis dans celles de l'Amérique, l'invention de ces grandes citadelles navales à hélices qui, soumises à un moteur caché et presque indestructible, ne doivent rien à ces toiles embarrassantes dont la chute laisse sans vertu le vaisseau à voiles le plus puissant. Vainement nous épuiserions nos finances pour

(1) Ce rapprochement est emprunté à la réponse à la Note de M. le prince de Joinville par M. de la Landelle, ancien officier de marine, page 24.

atteindre ou suivre les Anglais dans les développements de ce nouveau système ; leur prépondérance est garantie par des mines inépuisables de charbon et de fer, et par l'adjonction de ces grands steamers voyageurs que l'industrie de leur commerce multiplie chaque année, et dont l'état s'est réservé la disposition.

A la vérité, notre inévitable infériorité dans ce genre d'armement ne nous dispense pas d'avoir des vapeurs pour le transport des troupes et quelques autres unissant la force avec la plus grande célérité possible. Mais s'il est incontestable que nos plus grands navires de cet ordre seront toujours surpassés en nombre et en puissance par l'émulation des constructions anglaises, renonçons à un concours ruineux et impossible, et cherchons, par l'alliance des voiles et de l'hélice, une spécialité plus redoutable encore (1). Pour nous, des bâtiments de guerre établis pour accroître, dans certains cas, leur marche par l'action combinée du vent et de la vis d'Archimède, seraient de beaucoup préférables aux simples vapeurs obligés de rentrer pour renouveler leur aliment, après de courtes et dispendieuses excursions. Les vaisseaux mixtes, au contraire, aptes à toutes les éventualités, iraient au près, au loin, attendraient, au besoin, trois mois sous voiles, un convoi sur son passage présumé, et se saisiraient, par leur double moyen de vitesse, de tous les navires de commerce qui tomberaient sous l'œil de leurs vigies. Il est vraisemblable, en outre, que, dans les rencontres d'une guerre sérieuse, des vaisseaux, des frégates qui concilieraient avec un armement du plus fort calibre la faculté de se mouvoir par les voiles et l'hélice, ou par l'hélice, à défaut de voiles, l'emporteraient sur

(1) Dès le mois de septembre 1843, l'auteur de cet écrit a placé cette idée dans un article que devait publier *la Presse* et qui est encore entre les mains de son rédacteur en chef.

des vaisseaux et des frégates du même rang sans hélices, et sur les plus grands vapeurs.

C'est au gouvernement de la France à rechercher avec un zèle infatigable, à provoquer par une prime immense la solution parfaite d'un problème qui nous livrerait un moyen de succès aussi prodigieux. Car nous ne devons attendre ni de l'Angleterre, ni des États-Unis, la recette de ce perfectionnement, qui menacerait leur commerce maritime d'un péril incalculable, tandis que la nullité de notre enjeu laisserait leurs pertes sans compensation.

Mais en supposant même que l'alliance des voiles et de la vapeur ne nous promît jamais de si grands résultats, qu'un peu de temps encore serve de préservatif à notre impatience; accordons un sage délai à l'examen pratique du mieux à faire : un changement précipité ne constituerait que d'imparfaits préparatifs, gaspillerait nos finances, et imprimerait une vaine hostilité à notre position sans la rendre plus avancée.

Ce conseil est basé sur l'expérience de faits tout récents : la date de notre marine à vapeur ne remonte guère au delà de quatre années, et l'on publie que la plupart des ouvrages de ce nouveau système sont défectueux, inférieurs aux constructions anglaises. *L'Infernal, le Comte-d'Eu, le Lavoisier, le Cuvier* ne seraient que de mauvais navires (1); et *le Groënland* entr'ouvert soudainement, par un beau temps et une mer calme, sur un fond de sable, n'avait certainement pas la solidité requise pour soutenir long-temps les assauts des tempêtes dans de longs trajets.

C'est donc à tort que la presse a reproché au ministre son peu d'empressement à compléter les 70 vapeurs d'une force de 20,000 chevaux, appelés à faire partie de la flotte par une décision du 4 mars 1842. Outre que la force de 7 à 8,000, qui fonctionne aujourd'hui, excède les besoins

(1) Voir l'ouvrage précité de M. de la Landelle, pages 15 et 16.

du service, les imperfections de cette portion de l'entreprise attestent que son entière exécution n'eût enfanté qu'une énorme déception nationale. Quant aux grands paquebots, dits transatlantiques, auxquels l'État a emprunté le fatal *Groënland*, un prompt avenir enseignera si les chambres ont eu raison de contraindre le gouvernement à la création des dix-huit, votés par la loi du 16 juillet 1840.

Que n'imitons-nous le mode américain? moins de navires de guerre, mais très-forts dans leur classe et très-parfaits, ramènerait la dépense de la marine aux 70 millions du temps de la restauration, et imposerait plus à l'Angleterre qu'un budget de 110 à 120 millions, allocation excessive, même pour la guerre, et qui n'a produit que les lourds armements dont la moitié pourrit dans nos ports, des vapeurs manqués et nos mesquines croisières de l'Amérique, de l'Inde et de la mer Pacifique.

Remarquez, d'ailleurs, que la position anglaise est bien plus difficile que la nôtre : condamnée par le nombre et la grandeur de ses établissements, et par l'affectation de la suprématie, à la domination perpétuelle de toutes les mers, elle se croit en arrière, si elle ne devance pas constamment, et par la quantité et par la perfection de ses machines, la puissance réunie de ses deux rivales.

Or, si la France, ralliant sa conduite à celle des États-Unis, avait le bon sens

— De proportionner aux exigences réelles de son littoral, de ses colonies et de son commerce, le chiffre de ses bâtiments de guerre, en améliorant leur construction et leur armement par des perfectionnements bien étudiés;

— De rassembler dans ses magasins, pour l'éventualité d'un grand choc, les matériaux nécessaires à d'importantes constructions;

L'Angleterre contrainte, mais impuissante à précéder ces deux États dans le progrès et à l'appliquer à ses in-

nombrables armements, ne pourrait retrancher un schel-
ling de la dépense actuelle de sa marine, ni de sa dette de
20 milliards.

La guerre survenant alors, les efforts combinés de la
marine royale et de celle du commerce répandraient sur
l'Océan, en six semaines vingt divisions, en six mois
trente autres, composées de bâtiments construits sur des
modèles parfaitement éprouvés; et la lutte des mers s'en-
gagerait dans les conditions les plus favorables.

Cet élément ne présente point, comme la terre, des
limites absolues, où le plus faible est inévitablement at-
teint et soumis par le plus fort. Des croiseurs, à marche
rapide, trouvent dans ses espaces une infinité de combi-
naisons pour éviter un rival supérieur, le surprendre
isolé, enlever ses convois, s'emparer de ses établissements
lointains, les détruire ou les rançonner. Que cinq expédi-
tions lancées de Cherbourg, Saint-Malo, Brest, Lorient
et Rochefort, avec des ordres cachetés, réunissent sur un
point de la mer déterminé une puissance de 12 à 1,500
canons et de 10 à 12,000 hommes de débarquement, y
compris une portion des équipages exercée aux manœu-
vres de l'infanterie; nul moyen pour l'ennemi, hors la
révélation d'un traître, de pénétrer si ces cinq divisions
agiront ensemble ou séparément, ni, réunies, où elles
porteront leurs coups.

Auraient-elles la mission d'insurger l'Irlande ou le Canada, où nous avons des frères de religion et de patrie?
Iront-elles ruiner les établissements anglais de la Côte de
Guinée? Menaceraient-elles la Guyanne et les Antilles?
Prendront-elles leur essor vers le rocher de Sainte-Hélène,
ce point de relâche si précieux, incapable de résister à un
puissant effort; vers le Cap et l'île de France, ces colonies
où la sympathie des habitants faciliterait le succès de nos
armes? L'Angleterre peut prévoir, mais non parer tous
ces risques à la fois; et notre attaque, toujours incon-

nue, précéderait constamment le secours de la métropole.

VII. L'accomplissement de ces grandes vues dépend surtout de la perfection des constructions navales. Ce n'est pas toujours sans fondement que, depuis Louis XV jusqu'à notre époque, le corps savant qui les dirige a encouru le blâme des esprits les plus sensés; et les formes quelquefois trop violentes de l'attaque n'annulent pas la force de ses motifs.

L'art des constructions navales exige la réunion de trois notions distinctes: — la théorie, — l'expérience de la mer en vue de ses rapports avec la conduite des vaisseaux, — l'application de la théorie à la pratique.

Sans ces deux dernières, le savoir le plus transcendant ne produira que des ouvrages défectueux. Or, en accordant que nos ingénieurs de marine possèdent au plus haut degré la théorie des constructions, apprendront-ils la mer tant qu'ils ne l'observeront que du rivage? Deviendront-ils praticiens supérieurs, tant qu'ils ne seront pas mis en mesure d'améliorer sans cesse les procédés de leurs chantiers par l'étude et la comparaison des méthodes et des perfectionnements de l'étranger.

Un an de navigation et un an de séjour en Angleterre ou en Amérique contribueraient à ce double enseignement; et puisque les élèves ingénieurs des mines vont s'instruire en Allemagne avant d'exécuter en France, où serait la honte à ceux qui doivent diriger les constructions navales, ce grand levier de la puissance nationale, d'aller examiner les travaux et le savoir-faire de leurs habiles émules?

La guerre même ne rendrait pas cette épreuve impossible; car nous ne l'aurons probablement jamais avec les États-Unis, et moins encore avec ces deux puissances à la fois. Aux temps mêmes de la révolution et de l'empire, lorsque l'accès de la mer nous était le plus interdit, l'Espagne nous présenta en vain l'école de construction la plus heureuse dans ses résultats qui existât alors dans l'univers. Rien en France ni en Angleterre n'égalait pour la coupe et la beauté des formes, la solidité et la vitesse, la plupart des vaisseaux espagnols (1) qui concoururent avec l'amiral Villeneuve aux batailles d'Ortégal et de Trafalgar.

Si les ingénieurs français avaient pris des leçons aux établissements d'où sortaient ces admirables navires, ils n'auraient pas construit, sous la révolution et l'empire, ces vaisseaux manqués, que leur trop grande longueur, la faiblesse de leurs liaisons, la largeur de leurs mailles, la saillie démesurée de leur quête et de leur élancement rompaient en deux années. Tels j'ai vu *le Formidable* et *l'Indomptable* de 80, *le Redoutable* de 74, et cinquante autres cassés comme ceux-là, ou viciés par leur rentrée;

La frégate *la Fraternité* n'aurait pas, partie de France dans un état périlleux, sombré à son retour d'Amérique avec tout son équipage;

Le Diomède, le Brave et *la Comète*, entr'ouverts à couler bas par le premier coup de vent qui les assaillit en l'an XIII à leur sortie de Brest, n'auraient pas dû succomber, presque sans résistance, au combat de Santo-Domingo. Que d'autres vaisseaux encore, que de sang, que de trésors la patrie n'aurait pas à regretter? Premiers inventeurs du système de la rentrée qui les sauvait d'une lutte inégale à l'abordage, les Anglais nous ont entraînés dans cette imitation sans nous suivre dans son excès; et nos ingénieurs ont persisté cent ans (ce qui semble impossible à croire), dans cette disposition proscrite par les hommes de mer les plus capables (2), comme contraire

(1) Je citerai *la Sainte-Trinité* et *le Prince des Asturies*, *le Neptune*, *le Népomucène*, *le Monarque*, *la Foudre* et surtout *l'Argonaute*, de 80, qui suivit l'escadre française de Cadix en Amérique. Pendant la traversée, ce vaisseau, prodige de marche, ne déploya jamais que ses huniers presque toujours amenés à demi-mât. Au plus près du vent, il dépassait *la Didon*, capitaine Milius, la plus fine voilière des marines française et anglaise.

(2) Voici comment s'exprime sur cette question le judicieux Bourdé de Villehuet dans son *Livre du manœuvrier*, édition de 1814, pages 178 et 179:

— A la solidité de la mâture par la diminution de l'écartement des haubans ;

— Au jeu de l'artillerie des batteries hautes et de la manœuvre sur les ponts, qu'elle rétrécit ;

— A l'abordage, ce moyen de victoire accoutumé de nos grands aînés de Louis XIV.

VIII. La question des colonies présente un des problèmes les plus difficiles qui se rattachent à la marine.

Les Américains, ce peuple habile, n'en ont et n'en recherchent aucune.

« Dans les vaisseaux de guerre la rentrée des œuvres-mortes est si con-
» sidérable, que les canons de la seconde batterie ont à peine le recul né-
» cessaire entre la chaloupe et le bord ; de sorte que l'on est forcé de mettre
» les mâts de hunier de rechange sur les potences, où ordinairement ils sont
» percés de boulets ; et s'ils sont coupés pendant un combat, ils tombent sur
» le pont, si le passe-avant n'est pas clos aux bateaux ; alors ils embarras-
» sent les canons de façon à ne pas s'en servir de long-temps ; l'officier qui
» commande la batterie, et ceux qui occupent au-dessus différents postes ont
» une peine infinie pour passer d'un bout à l'autre et pour veiller à tout. On
» sait cela ; les constructeurs ont prévu ce cas dans leur travail ; *mais, comme*
» *ils ne s'embarquent pas sur les vaisseaux, ils n'ont point assez connu la*
» *nécessité de donner autant d'aisance* : il y a eu cependant d'habiles construc-
» teurs qui ont bâti d'excellents vaisseaux avec très-peu de rentrée, car la
» rentrée n'ajoute rien aux qualités d'un bâtiment, mais cela n'a pas prévalu.
» Les ordonnances sur la course, en 1757, encourageaient l'abordage,
» tandis que les constructeurs semblaient s'être donné le mot pour construire
» dans tous les ports de France des vaisseaux et des frégates de guerre avec
» une rentrée si considérable, qu'il devenait presque impossible d'exécuter
» un abordage, parce qu'il y avait un espace de dix et douze pieds à franchir
» entre les vibords de deux vaisseaux accrochés qui, en cet état, ne font que
» se mouvoir continuellement en roulant et en tanguant sans cesse. Si le vais-
» seau que l'on attaque n'était pas défendu, on pourrait sans doute parvenir
» à l'aborder, mais ce serait encore avec peine ; à plus forte raison, quand,
» au lieu de pouvoir se donner la main, on y est reçu à coups de sabre, indé-
» pendamment de tous les autres moyens que l'on emploie pour repousser l'as-
» saut : *Il faut donc diminuer cette rentrée le plus qu'il est possible pour fa-*
» *ciliter un genre de combat qui est le plus avantageux aux Français.*
» Si l'on donne peu ou point de rentrée aux vaisseaux et aux frégates de
» guerre, on augmentera les liaisons dans le sens de la longueur, et leur ar-
» tillerie sera plus éloignée de l'axe ; mais elle ne sera pas plus élevée au-
» dessus du centre de gravité : le vaisseau aura donc la même qualité de
» bien porter la voile ; il aura de plus l'avantage de rouler doucement, et
» moins vivement qu'auparavant, par rapport à ce poids immense de la
» batterie haute et des gaillards, qui, étant porté des deux côtés du point
» autour duquel se fait le balancement par des leviers plus longs (de tout ce
» que l'on aura diminué la rentrée), résistera plus au mouvement, en décri-
» vant de plus grands arcs. Il n'y a donc qu'à gagner en diminuant cette
» rentrée ; le vaisseau sera plus spacieux pour le combat ; il roulera plus
» doucement, et sa mâture sera appuyée : tous avantages réels sur lesquels
» il n'y a point à balancer. »

L'Angleterre, entraînée par une irrésistible fatalité, aspire à l'occupation militaire et coloniale de tous les points du globe, pour y trouver des débouchés illimités à son industrie et une base invincible à sa prépondérance navale.

La France considère comme un dédommagement de la perte de ses grands établissements lointains l'acquisition de l'Algérie et d'une partie des îles de la mer Pacifique. La presse excite, en outre, le gouvernement à l'occupation de Madagascar.

Dans ces trois directions, où est le bien et le mal? En fait, les grandes colonies décentralisent l'intérêt de la métropole, et ne reconnaissent finalement ses sacrifices que par une séparation violente. Dans l'antiquité, cette règle n'a point eu d'exception. De nos jours, les États-Unis, le Mexique et l'Amérique méridionale se sont arrachés des mains de leurs fondateurs aussitôt que le pouvoir et l'occasion leur en sont venus.

Nous avons perdu Saint-Domingue en appelant nous-mêmes les noirs à la révolte, le Canada, une portion de l'Inde et l'Égypte par les armes anglaises, la Louisiane par une folle cession, motivée encore par la supériorité de la marine britannique.

Ce passé ne rend-il pas manifeste que quelques postes bien fortifiés dans les principales mers serviraient mieux notre politique d'agression que ces vastes annexes, dont la défense épuise les moyens de la métropole, et compromet la flotte dans des engagements stériles et dangereux?

Il serait donc absurde, à tous égards, de tenter la possession de Madagascar, cette grande île aux habitants féroces, au climat insalubre, séparée de la France par un espace de quatre mille lieues sans relâche; mais il est dans l'intérêt de notre marine militaire et commerciale d'y contracter des alliances et d'en interdire la conquête à toute autre puissance.

L'occupation de Taïti, qui compte trente-huit lieues marines de circuit, et d'Eiméo, sa voisine, qui a deux havres excellents, convient à la France, surtout au point de vue d'une guerre anglaise. A 155 degrés d'intervalle, les îles de France et de Bourbon, Taïti et Eiméo présenteraient un appui et des ressources admirables à nos croiseurs. Quand ressaisirons-nous l'île de France?

Les îles Marquises, plus près de la ligne, n'ont, dans leur ensemble, ni l'étendue, ni la fertilité, ni l'importance maritime, ni le climat tempéré de Taïti; elles ne pourraient nourrir une garnison suffisante pour leur défense, elles diviseraient mal à propos nos forces dans cette portion éloignée du globe, où notre établissement, solide dans un archipel bien gardé, serait sans avenir dans deux mal pourvus.

Occuper fortement Taïti et Eiméo, établir de simples ports dans le reste des îles de la Société, renoncer au groupe brûlant et stérile des Marquises, voilà l'intérêt de la France.

Le nombre et la grandeur des possessions lointaines ajoutent moins d'importance à la métropole que la convenance de leur position et leur force réelle : les points de Malte et de Gibraltar pèsent plus que l'Algérie, l'île de France, que Bourbon et les débris captifs de notre puissance de l'Inde. Une citadelle inexpugnable à Taïti donnerait du nerf à la France; les 80,000 hommes qu'elle use en Afrique l'effacent en Europe.

Les croisades épuisèrent la chrétienté tout entière; à six siècles de distance, le destin réservait à nous seuls le retour d'un vertige presque semblable déshérité du prestige de la religion.

—Conquérir un pays maritime sans ports, dont le fond sans limites ne fut jamais soumis ni par les Carthaginois et les Romains, ni par les Vandales, qui s'allièrent avec les peuplades indomptées de ces lieux reculés pour s'approprier la province romaine, ni par les Arabes, malgré l'unité religieuse qu'ils imposèrent à toutes les nations comprises entre le désert et la Méditerranée, du Nil à l'Océan ;

— Réclamer par le pillage, les exécutions, l'incendie, la soumission d'un peuple que sa croyance oblige à nous haïr toujours ;

— Nous pénétrer nous-mêmes et persuader au monde que la conquête est terminée, que la paix est permanente là où la résistance d'hier, toujours armée, n'a fait momentanément trêve à sa guerre sainte que sous la pression d'un chef habile, et d'une force vingt fois plus nombreuse que la légion romaine ou que la troupe de janissaires qui contenait tout le pays ;

—Déshériter Cherbourg, Brest, Lorient et Rochefort de la présence et du bénéfice des grands armements de la flotte, et déplacer l'action de la marine de sa véritable position de guerre qui appartient à ces ports, en regard de l'Angleterre et du grand Océan ;

Voilà l'entreprise qui nous consume depuis quatorze ans, à la joie de nos ennemis, qui ruine notre unité, et dont l'issue infaillible sera un empêchement immense au premier jour d'une guerre anglaise, une retraite désespérée au second jour d'une guerre continentale.

IX. Conclusion :

Notre flotte ne peut ni ne doit attaquer de front celle de l'Angleterre.

Une descente, certaine de la neutralité de l'Europe, nous livrerait la victoire.

Poursuivre, capturer, brûler, dans toutes les mers, les convois et leurs escortes ; prendre, mettre à rançon les colonies, c'est, après une invasion, le péril que l'Angleterre redoute le plus, le moyen le plus sûr de la contraindre, en peu d'années, à mendier la paix qu'elle aurait osé troubler.

On n'atteindra ce but que par un renouvellement de concours et d'émulation entre la marine royale et celle du commerce, agissant ensemble ou séparées, avec des divisions à grande vitesse.

Qu'une loi, qu'une ordonnance autorise donc, en cas de rupture, les entreprises particulières à préparer des armements contre l'ennemi dans les ports et les arsenaux de l'État, aux mêmes termes que de 1689 à 1712 (1), avec la condition imposée aux chefs d'obéir aux amiraux qui requerraient leur appui.

Si cette idée, issue d'un passé glorieux, perçait dans les esprits, je pressens les mille voix que l'intolérance des

---

(1) En 1702, à la reprise des hostilités, la chambre des lords d'Angleterre fut vivement saisie des souvenirs désastreux de la dernière guerre, et de la certitude que le même système de destruction allait se reproduire contre le commerce britannique. En conséquence, elle présenta à la reine une adresse dans le but de combattre le danger par une mesure semblable à celle de l'ennemi. « Les lords remerciaient singulièrement Sa Majesté de l'assurance qu'elle leur avait donnée, qu'elle n'omettrait aucune des précautions nécessaires pour la sûreté du commerce. Ils la priaient, en outre, de trouver bon qu'ils lui représentassent que, comme il paraissait, par les préparatifs des ennemis de Sa Majesté, que leur intention n'était pas d'en venir à des rencontres et à des combats sur mer, mais de faire la guerre en corsaires pour empêcher le commerce des sujets de Sa Majesté et de ses alliés, ils croyaient qu'il était avantageux pour le bien public que Sa Majesté encourageât ses sujets par toute sorte de voies à équiper et mettre en mer des vaisseaux de guerre, chacun pour son compte.
» Et attendu que par le sixième article du traité conclu à La Haye, entre Sa Majesté de glorieuse mémoire, l'empereur et les États-Généraux, il est permis à Sa Majesté de prendre et s'approprier les terres et les villes appartenant aux Espagnols dans les Indes, sa Majesté et ses sujets peuvent s'autoriser de cet article et encourager les particuliers à faire des entreprises pour se mettre en état de prendre et conquérir des villes, des ports, des provinces ou des places sur les ennemis de Sa Majesté; c'est pourquoi ils osent prendre la liberté de conseiller à Sa Majesté de vouloir bien accorder des commissions ou des brevets sous le grand sceau d'Angleterre, avec les pouvoirs, priviléges et prérogatives, limitations et restrictions que sa sagesse jugera nécessaires et convenables, à toutes les personnes, corps et sociétés qui lui adresseraient des supplications à ce sujet, et qui voudraient bien hasarder des avances pour faire ces acquisitions dans les Indes, et qui y contribueraient ou qui seconderaient cette entreprise de quelque manière que ce fût, sous les clauses et conditions que Sa Majesté jugera les plus convenables pour le bien de son royaume.
» La reine répondit à cette adresse qu'elle y donnerait ses soins autant qu'elle pourrait. » (*Histoire navale d'Angleterre*, tome iii, livre 5, chap. 1, pages 272 et 273.

droits acquis susciterait contre son accomplissement; mais détruiront-elles mes chiffres et l'histoire?

X. Je cède au désir de prévenir de nobles susceptibilités. En écrivant, sous la dictée de l'histoire, que le pouvoir discrétionnaire d'un ministre passager n'offre pas une garantie suffisante à la valeur de ses choix, je n'ai pas posé ce principe comme une question d'actualité, puisque nous manquons, depuis trente ans, de la sûre épreuve des luttes de l'Océan. Je proteste donc contre toute allusion au corps des officiers de la marine, qui, sorti presque tout entier d'un premier concours difficile et loyal, occupe aujourd'hui une si large part dans l'estime et la reconnaissance nationales.

Mais la vérité que j'ai signalée ne ressort pas avec moins de certitude de nos désastres maritimes sous Louis XV, et de 1793 à 1814. Les écrivains qui nous rappellent que nos marins, bien commandés, ont toujours, à force égale, vaincu ou balancé l'ennemi, ne devraient point taire aussi souvent que dans presque tous les engagements où la flotte a été opprimée, ce ne sont point les hommes, mais les chefs qui ont fait défaut à l'honneur de la France. La gloire même de plusieurs capitaines attestera à la postérité que les actes désespérants de tant d'autres pouvaient tous être évités par de meilleurs choix. La peinture a consacré les luttes immortelles de la frégate *la Loire*, sous l'héroïque Second ; le souvenir victorieux du choc inégal de la baie d'Algésiras est impérissable ; tout l'univers sait que l'illustre amiral Duperré, alors simple capitaine, eut la gloire incomparable de capturer, avec deux frégates et une corvette, quatre frégates anglaises qui étaient venues l'attaquer dans la rade de l'Ile-de-France.

A Trafalgar, plusieurs vaisseaux combattirent avec une bravoure d'autant plus noble, que, mal soutenus, ils ne pouvaient que succomber. Le capitaine Lucas, commandant *le Redoutable*, 74 vieux et rompu, contraignit avec une intrépidité sans exemple *le Victory* de 120, amiral Nelson, à recevoir son abordage, au moment où ce dernier vaisseau allait couper la ligne en arrière du *Bucentaure*. Aussitôt mille grenades, lancées par des mains exercées, éclatent sur le pont du *Victory*, tuent ou blessent quatre-vingts hommes et balaient ses gaillards ; un fusilier de la hune d'artimont blesse à mort lord Nelson, et déjà les marins du *Redoutable* tentaient un assaut que l'intervalle des rentrées rendait presque impossible, lorsque *le Téméraire* de 120 vint le resserrer à tribord, après lui avoir envoyé, en poupe et à bout portant, une volée qui lui détruisit les deux tiers de son équipage. Pressé et démoli par ces deux vaisseaux géants, *le Redoutable* offrit quelque temps encore le spectacle de la défense la plus désespérée, jusqu'à ce que, foudroyé de l'arrière par un troisième vaisseau, il dut succomber enfin, faute de combattants et prêt à couler bas.

Les luttes de *l'Achille* présentent encore un intérêt plus profond. *L'Achille !...* honneur aux braves qui l'ont si vaillamment défendu ! Le terme fatal de ses sanglants efforts servit de clôture à l'immense drame de Trafalgar, et l'on me pardonnera, je l'espère, de reproduire ici mes propres souvenirs sur un acte si glorieux et si peu connu.

La nuit avait déjà déployé la plus grande partie de ses ombres, lorsque l'aspect horrible, quoique prévu, de la dernière catastrophe de *l'Achille* vint frapper nos regards attristés. Les couleurs de France furent défendues par ce vaisseau jusqu'au terme fatal de sa complète destruction. Son dernier chef, héros encore ignoré, succomba victime d'un dévouement dont la magnanimité ne fut jamais surpassée. Puissent ces lignes, tracées par un ami de sa gloire, transmettre à son nom l'éclat immortel qui lui est dû dans les annales de la marine et dans les fastes de l'histoire !

Ceux qui n'ont pas assisté à un engagement naval ne peuvent se faire une juste idée de l'horreur qui l'accompagne quand il est poussé à la dernière extrémité. Le sort de *l'Achille* en offre un illustre exemple. Ce vaisseau avait soutenu victorieusement un combat terrible de plusieurs heures contre deux vaisseaux ennemis; mais d'immenses pertes ensanglantèrent cette lutte inégale : de huit cent quarante-trois hommes d'équipage, la moitié avait péri ou gisait mutilée dans l'entre-pont; et lorsque *l'Achille* sortit enfin du nuage de feu et de fumée qui l'avait si long-temps enveloppé, il apparut privé de son grand mât, de son mât d'artimon et de son petit mât de hunier, isolé et au vent des deux armées, immobile sur l'Océan.

Son seul bas mât de misaine restait encore debout; mais l'on voyait avec anxiété s'échapper de sa hune la fumée d'un incendie allumé dans ce lieu élevé, pendant les actions précédentes, par l'explosion de plusieurs paquets de cartouches que des tireurs y avaient imprudemment accumulés.

Dans cet état d'épuisement et d'alarmes, les lambeaux du pavillon tricolore flottaient encore en arrière du couronnement de *l'Achille,* où on l'avait cloué, et attestaient aux trois nations l'esprit invincible de ses défenseurs.

Cependant un nouvel ennemi, *le Prince,* vaisseau à trois ponts qui n'avait pas encore donné, s'approchait couvert de voiles. Cauchart, simple enseigne, auquel la mort ou les blessures de quatre chefs avaient livré le commandement, consulta, à cette heure solennelle, les officiers de mer et de terre, survécus aux premiers combats.

« Quel succès espérer contre un vaisseau à quatre bat-
» teries, qui n'avait pas brûlé une amorce, avec *l'Achille*
» presque pontonisé, réduit à 400 hommes, privé de la
» puissance d'une portion de son artillerie démontée
» dans les actions précédentes, et pressé par le danger
» d'un incendie? Si du moins il restait quelque espoir

» d'être secouru..... Mais on voyait alors se perdre à l'ho-
» rizon, au vent des deux armées, la division qui escor-
» tait la fuite du contre-amiral Dumanoir; et la course
» entière d'un boulet séparait *l'Achille* de ses derniers
» compagnons qui résistaient encore. N'était-il pas plus
» près de l'honneur de réserver tant de braves pour un
» meilleur avenir que de les dévouer à la mort par une
» persévérance désormais sans espoir ? »

Telle fut l'opinion du conseil; mais elle ne prévalut point sur la grande âme de Cauchart.

. « *L'Achille* et nos propres vies, dit-il, appartiennent
» à la France; une voile nous reste encore pour manœu-
» vrer et la batterie de 36 pour nous défendre; avant l'é-
» puisement de ces ressources, céder serait le déshon-
» neur. »

Ces mots ont ranimé les esprits; on se prépare au combat, on amure la misaine, et le vaisseau, obéissant à l'impression qu'il en reçoit, arrive lentement pour découvrir son nouvel adversaire, qui se présentait par le bossoir de babord. Déjà les canonniers de la batterie de 36 dirigeaient contre lui, à mesure qu'ils l'apercevaient, les foudres de leur redoutable artillerie; lorsque les premières volées du *Prince* ayant renversé le mât embrasé de *l'Achille* dans la longueur du navire, le feu prit aussitôt à ses embarcations fracassées, envahit la batterie de 18, et interdit toute communication entre le pont supérieur et les hommes de la batterie basse.

Mais ni l'horreur de leur position, ni la certitude de l'inévitable catastrophe qui devait en être prochainement le résultat, ne purent surmonter la constance de ces vaillants guerriers; et ce fut un spectacle fantastique, inouï, d'entrevoir long-temps encore, à l'ouverture de la nuit, s'élancer, d'instants en instants, de dessous l'incendie qui dévorait tout le haut de *l'Achille*, l'éclair des décharges de la batterie de 36. Les marins, les soldats qui comprenaient ainsi leur devoir, attendirent que le pont, placé entre leurs têtes et le feu, cessât de leur offrir un abri, pour se réfugier dans les flots, où ils rejoignirent par les sabords leurs compagnons naufragés de l'autre moitié du navire (1).

Ceux-ci avaient tenté d'abord d'éteindre l'incendie; mais, ô désespoir! les pompes, avariées par les projectiles ennemis, refusent leur secours; l'élément destructeur s'avance et pétille de toutes parts; la vue et la poursuite de la fumée et des flammes saisissent les esprits d'un vertige général; les courages les plus solides sont débordés, et chacun ne songe plus qu'à la conservation de sa vie.

Seul, dans une crise aussi terrible, Cauchart conserve le calme et l'inflexible énergie d'un chef. En vain on le presse de prendre place sur les planches et les corps flottants de toute espèce que l'on jette à la mer pour le salut commun, et surtout pour ceux qui, comme lui, ne savaient pas nager; insensible à son propre danger, il sortira le dernier du vaisseau que le sort lui a confié.

Les dispositions judicieuses qu'il ordonne avec un invariable sang-froid arrachent à la mort 280 hommes, dont plusieurs blessés et même un malheureux amputé de la cuisse; et ce fut seulement lorsqu'il ne resta plus de services à rendre, que ce héros, martyr de l'honneur et de l'humanité, recourut, trop tard, hélas! aux mêmes moyens de salut. Mais, peu d'instants après, le feu pénètre aux poudres; leur horrible mugissement retentit jusqu'à nous; une flamme volcanique s'élève en l'air avec une portion du vaisseau, dont les débris retombent dans l'abîme, écrasant sous leur poids ou entraînant dans le tourbillon qui les suit les infortunés qui flottaient encore près

---

(1) Les Anglais du vaisseau *le Prince* et d'une goélette qui s'approcha plus près encore du lieu du désastre recueillirent une partie de ces naufragés.

de la place où fut *l'Achille*... Brave Cauchart, tu ne reparus plus !

Quel autre enfant de la France glorifia son pays par une mort plus sublime ? Quelle vertu fut supérieure à la vertu du dernier chef de *l'Achille?* Serait-ce celle de l'enseigne de vaisseau Bisson, que l'État a justement honoré dans la personne de sa sœur ? Bisson qui se donna à la mort pour prévenir celle qu'une affreuse attente rendait inévitable !... Cauchart, nouveau d'Assas, mais plus grand encore que ce noble chevalier, ne dut sa perte qu'à la préférence réfléchie de la vie de ses semblables à la sienne, et lorsqu'il pouvait faire beaucoup moins et rester en possession d'une gloire impérissable.

Ah ! si les accents d'une voix inconnue sont impuissants ; si un calcul sans équité oppose à tant d'héroïsme la froide prescription du temps, puissent du moins l'histoire, la poésie et la peinture constater à la postérité, par l'union de leurs suffrages, l'ingratitude du pays qui aura refusé à un trait si éclatant sa légitime récompense !

Imprimé par Béthune et Plon, à Paris.